A BELA ADORMECIDA ACORDOU

Bruna Gasgon

A BELA ADORMECIDA ACORDOU

Para você, mulher, que assim como eu, atravessou do século XX para o XXI.

Jardim Dos Livros

A BELA ADORMECIDA ACORDOU

PARA VOCÊ, MULHER, QUE ASSIM COMO EU, ATRAVESSOU DO SÉCULO XX PARA O XXI

1ª edição – Abril de 2011

Grafia atualizada segundo o Acordo Ortográfico da Língua Portuguesa de 1990, que entrou em vigor no Brasil em 2009.

Editor e Publisher
Luiz Fernando Emediato

Diretora Editorial
Fernanda Emediato

Produtora Editorial
Renata da Silva

Capa e Ilustração
Osvaldo Pavanelli

Projeto Gráfico
Alan Maia

Diagramação
Kauan Sales

Preparação de Texto
Gabriel Senador Kwak

Revisão
Josias A. Andrade
Marcia Benjamim

DADOS INTERNACIONAIS DE CATALOGAÇÃO NA PUBLICAÇÃO (CIP)
(Câmara Brasileira do Livro, SP, Brasil)

Gasgon, Bruna
A Bela Adormecida Acordou – Para você, mulher, que assim como eu, atravessou do século XX para o XXI / Bruna Gasgon.
-- São Paulo : Jardim dos Livros, 2011.

ISBN 978-85-63420-05-3

1. Mulheres – Condições sociais 2. Mulheres – História 3. Mulheres – Psicologia 4. Mulheres – Trabalho 5. Relações afetivas I. Título.

11-03590 CDD: 305.4

Índices para catálogo sistemático

1. Mulheres : Grupo social : Condições sociais : História : Sociologia 305.4

JARDIM DOS LIVROS

Rua Gomes Freire, 225/229 – Lapa
CEP: 05075-010 – São Paulo – SP
Telefax.: (11) 3256-4444
Email: jardimlivros@terra.com.br
www.geracaoeditorial.com.br

2011
Impresso no Brasil
Printed in Brazil

Para três queridas mulheres que não conseguiram usufruir do maravilhoso poder de estar bem acordada: minhas avós Maria Emília Cardoso de Oliveira e Layr Castanho de Gasgon; e, minha mãe, Valéria Maria Gasgon de Oliveira.

SUMÁRIO

CONCLUSÃO:

PREFÁCIO

Querida leitora,

Se você nasceu antes do ano 2000, é uma mulher do século passado, ou seja, do século XX.

Das duas, uma: ou você permaneceu *dormindo* e hoje sente como perdeu tempo e deixou de fazer coisas incríveis em sua vida, ou então se aventurou em fazê-las, mas é atormentada pela culpa e outros sentimentos desagradáveis e, muitas vezes, viu seu mundo desabar.

Mas pode ser também que você seja superfeliz em qualquer uma das opções.

Não sou feminista, de modo algum, mas sempre fui uma inconformada pelo modo como as mulheres eram, e ainda são, tratadas pelos homens em várias situações: em família, socialmente, sexualmente e no mercado de trabalho.

Muitos não admitem, mas a grande maioria, lá no fundo, ainda acha que mulheres são inferiores, são menos inteligentes que os homens, e se estão com roupas mais ousadas acham que podem molestá-las ou pensam que elas estão *dando mole.*

O que me motivou a escrever este livro foi ter nascido na década de 50 e, portanto, ter acompanhado os absurdos que vi e ouvi sobre as mulheres, sem poder fazer nada.

Na adolescência comecei a fazer teatro e já adulta tornei-me atriz, diretora e também palestrante e autora; então vi em meu trabalho a oportunidade de tratar desse tema de forma abrangente e sem pudores. Constatei que as mulheres de gerações anteriores a minha viveram enclausuradas em regras e preconceitos ridículos, e as que ousaram ser diferentes conheceram o inferno. As que são de minha geração e da seguinte ainda se policiam em muitas coisas que desejam fazer, açoitadas por medo e culpa (fui uma delas).

Quando eu era pequena não entendia por que meu pai não deixava minha mãe trabalhar, dirigir automóvel e sair com as amigas; não entendia por que eu e minha irmã tínhamos tratamento e educação totalmente diferentes de meu irmão; não entendia por que quando uma mulher se "desquitava" (não havia divórcio) ela era malvista, isolada por casais de amigos, e seus filhos eram discriminados na escola; não entendia por que eu e minha irmã, se quiséssemos trabalhar, teríamos apenas duas opções: ser professora ou secretária; não entendia por que meu destino já estava traçado: casar aos 21 anos e ter três filhos. Quem disse que eu queria essa vida?

Nossos pais decidiam quase tudo por nós.

Nas palestras que faço, somente para mulheres, percebo como a frustração e o descontentamento estão presentes na vida da maioria delas; e a dificuldade que têm em reagir e mudar o curso de seu caminho.

Nessas situações minhas plateias são formadas por mulheres de 14 a 80 anos, e durante minhas apresentações crio um ambiente tão seguro e feminino, que elas se encorajam a dar depoimentos francos, os quais nunca pensei que iria escutar em público. Tanto das que estão presas a frases como "o que os outros vão pensar", como das que quebraram paradigmas e arcaram com as consequências (como eu).

As mais reservadas vêm falar comigo ao final, em particular, e muitas vezes algumas se aproximam de mim e dizem apenas: "Bruna, obrigada". E vão embora sem falar mais nada.

São emoções, sentimentos e desejos secretos, que acabam vindo à tona pelo modo descontraído e bem-humorado como trato os assuntos e pelos depoimentos que dou de minha própria vida, abertamente e sem culpa.

Se você nasceu entre os anos 50 e 70, vai entender perfeitamente tudo o que abordarei neste livro, pois vivenciou os fatos. E se você é muito, muito jovem, vai saber como sua bisavó, sua avó e mesmo sua mãe sofreram e como algumas mulheres ainda ralam em busca de felicidade e acabam dessa forma abrindo caminho para que você faça suas próprias escolhas e se orgulhe delas. Se hoje, sem problema algum você dorme com seu namorado em sua própria cama na casa de seus pais, é porque lá atrás alguma de nós estava sendo chamada de *menina fácil.*

Bruna Gasgon

CAPÍTULO 1

Os responsáveis por vários séculos de belas adormecidas

Eu poderia começar este capítulo me reportando à China do ano 860 a.C., para falar dos famosos "Contos de Fadas" que fizeram lavagem cerebral nas cabecinhas femininas ao longo dos séculos, mas não é preciso voltar tanto assim no tempo.

Basta começar pelo século XVII quando o francês Charles Perrault, superintendente de obras públicas do Rei Luís XIV de França, depois de perder o posto e com quase 70 anos de idade, tornou-se escritor e adaptou a seu modo os contos mais conhecidos de até então, entre eles *A Bela Adormecida*. Outros, ele mesmo criou, baseado nas histórias que ouvia de sua mãe e das damas dos salões parisienses. Repare que em quase todos os contos de fadas a mulher sempre depende do amor, da coragem, e da benevolência de algum homem para ser salva. A dependência é total. E é sempre também uma mulher a megera, a bruxa, a rainha má. Nesses contos só existem duas opções para as mulheres: vítimas ou assassinas. Acho que Charles Perrault devia odiar a mãe, mas isso é uma opinião muito pessoal e não vem ao caso.

A maioria de suas histórias ainda hoje é editada, traduzida e distribuída no mundo inteiro em diversos meios de comunicação, e adaptada para várias formas de expressão, como o teatro, o cinema e a televisão, tanto em formato de animação como de ação viva.

A personagem Bela Adormecida ficou 100 anos, isso mesmo, 100 anos dormindo e esperando ser beijada pelo príncipe para que o encanto fosse desfeito e ela pudesse então acordar, voltar à vida e ser feliz. E mesmo depois de tanto tempo, acordou linda e loira.

Gerações e gerações de meninas cresceram acreditando nisso e esperando o tal príncipe encantado para resgatá-las de alguma situação de morte ou perigo. E até hoje ainda é assim, está enraizado no inconsciente coletivo feminino, pois não se esqueçam que todas as histórias, por mais absurdas que sejam, sempre terminam com a frase mágica: "*e foram felizes para sempre...*".

Vejam a *Chapeuzinho Vermelho*, também de autoria de Charles Perrault, uma garotinha inocente que teve sua vovozinha comida por um lobo muito mal, o qual esperava ansioso para comê-la também. Mas aí chegou o valente caçador, matou o lobo, arrancou a avó da barriga dele e salvou as duas, avó e neta. Que linda e doce história!

E que tal a Cinderela, também de Charles Perrault, uma coitadinha ignorada pelo pai, maltratada e feita escrava pela horrível madrasta e por suas três filhas invejosas.

Precisou que o príncipe apaixonado lhe colocasse o sapatinho de cristal, casasse com ela e a salvasse das maldades que sofria em casa.

Ela passou de Gata Borralheira a princesa. Nada mal!

Não foi Charles Perrault quem lhe deu o nome de Cinderela, ele apenas a chamava de "a princesa", e ela muda de nome em cada uma das versões da história: Cinderela, Tália, Aurora e Rosaspina. Bem, é melhor a gente ficar com Cinderela, *ok*?

E o que dizer da história de *A Branca de Neve*? A Rainha má, ao ouvir de seu espelho que não era ela a mulher mais bonita do mundo, e sim Branca de Neve, mandou seu capataz matá-la na floresta. Mas ele, homem muito bondoso, não teve coragem e a deixou fugir. Ela então encontrou sete homenzinhos maravilhosos que lhe deram abrigo. Parece filme de máfia, não parece? A pessoa é marcada de morte, escapa, se esconde, é perseguida até ser encontrada e morta. Gente, esse escritor devia ser psicopata, não é possível!

E ainda dizem que os filmes de hoje são violentos e dão maus exemplos para crianças e jovens!

O conto *A Branca de Neve* foi considerado a maior obra de Charles Perrault, lhe rendeu o título de Pai da Literatura Infantil, e mais tarde uma nomeação para a Academia Francesa de Letras pelo conjunto de sua obra. O certo é que gerações e gerações de meninas cresceram acreditando e esperando o tal príncipe encantado para resgatá-las de situações de solidão, solteirice e sustento.

E até hoje ainda é assim, pois não se esqueçam que todas as histórias, por mais absurdas que sejam, sempre terminam com a frase mágica: "*e foram felizes para sempre...*".

O mais incrível é que poucas pessoas sabem que as histórias originais desses contos são terríveis, superviolentas, com acontecimentos trágicos, muitas cabeças decepadas, assassinatos com requintes de crueldade e inúmeros olhos arrancados.

Charles Perrault e outros escritores foram dando um acabamento menos sanguinário, digamos assim.

E nós, ainda pequenas, ouvíamos isso da boca de nossas mães e avós sendo acalentadas antes de dormir. E pior, passamos adiante, contando-as para nossas filhas e netas.

Você, que só tem 18 anos, acredite, vai contar para suas filhas também ou alugar o DVD que é mais prático. Ou ainda baixar pela internet.

A história de *A Bela Adormecida* também foi contada de forma um pouco diferente, porém não menos violenta, pelos irmãos Grimm, escritores alemães que também adaptaram outras histórias conhecidas.

Mais tarde o conto *A Bela Adormecida* foi adaptado para o balé, por Tchaikovsky; e posteriormente para o cinema, por Walt Disney.

O filme de animação é baseado nas versões de Tchaikovsky e de Charles Perrault.

Resolvi dar o título de *A Bela Adormecida Acordou* para este livro por razões óbvias: metaforicamente falando, precisamos estar bem acordadas para o mundo em que vivemos. Não importa a idade, sempre é tempo de mudarmos nossa vida, sairmos de casamentos infelizes, deixarmos empregos onde não somos valorizadas, realizarmos nossos desejos e fantasias sexuais e, principalmente, conquistarmos definitivamente nossa independência afetiva e financeira.

A personagem de quadrinhos Lara Croft, representada no cinema pela atriz Angelina Jolie, atualmente é bem mais a nossa cara, não acham?

Infelizmente, assim como vi mulheres da geração de minha avó e de minha mãe manterem casamentos ruins e sofrerem maus-tratos de seus maridos, ainda hoje vejo algumas amigas repetindo o mesmo padrão de suas antepassadas. Para mudar esse panorama existe um preço alto a pagar? Existe, mas vale cada centavo.

CAPÍTULO 2

Mulheres que infelizmente passaram a vida dormindo

Nossas antepassadas não sabiam, mas ao conhecerem seu Príncipe e se casarem com ele, recebiam também um piano. Para quê? Para carregarem pelo resto da vida. E na maioria das vezes o Príncipe não era exatamente o que elas esperavam, mas o piano, este sim, era o mesmo para todas.

É bom ressaltar que naquela época não era preciso muito para as moças se apaixonarem. Isso acontecia a distância: bastava ver um rapaz bonito, alto, de boa família, ou bem vestido e com jeito romântico, ou ainda apenas muito educado, que as moças já começavam a fantasiar romance e casamento, mesmo sem nunca terem falado com o rapaz. Todas sabiam que um dia teriam que se casar, eram preparadas para isso, então suas mentes ingênuas davam uma "viajada" surreal que as transportava para um mundo de fantasia que só existia nos livros e na cabecinha delas. Como ninguém fazia *test drive*, casamento era como um salto no escuro, ninguém sabia onde ia cair.

E me refiro a tudo: sexo, temperamento, manias, chatices, incompatibilidades de todo o tipo etc.

Coincidentemente minhas duas avós tiveram histórias de casamentos arranjados e sem amor, pois foram seus pais quem decidiram isso por elas.

Vamos primeiro ao caso de minha avó paterna, Maria Emília. Ela era uma jovem como todas, cheia de sonhos e expectativas. Apaixonou-se por um rapaz e era correspondida. Ficaram noivos, mas minha bisavó, que era muito autoritária, de repente decidiu que o rapaz não faria a filha feliz e desfez o noivado.

Dessa forma, para afastar definitivamente minha avó de seu amado, seus pais a mandaram para uma viagem. Ele escreveu-lhe inúmeras cartas, as quais naturalmente foram interceptadas por minha bisavó. Sendo assim, ela nunca soube que o rapaz lhe escreveu, e ele, por sua vez, achou que ela nunca respondeu suas cartas.

Perderam contato e quando meu bisavô sentiu que as coisas haviam esfriado, tratou de "acertar" o casamento dela com o filho de um amigo da família.

Trouxeram-na de volta e um dia, em uma festa, meu bisavô falou para minha avó: — "Está vendo aquele rapaz ali? É seu futuro esposo, pois há tempos venho conversando com o pai dele e hoje acertei seu casamento para daqui a seis meses".

Ele simplesmente a comunicou com quem e quando ela iria se casar. Não havia alternativa, e as mães daquelas jovens diziam que o amor vinha com o tempo, ou, então, que o que valia era o respeito e a amizade. Como as moças daquela época não trabalhavam, a única maneira de se sustentarem e serem respeitadas era se casando.

O noivo escolhido para minha avó era 20 anos mais velho que ela: 18 contra 38. Isso em uma época em que um homem de 40 anos era considerado um senhor de idade à beira da morte.

O casal teve cinco filhos: quatro homens e uma mulher, entre eles, meu pai.

Quando minha avó estava grávida do quinto filho, meu avô teve um enfarte, ficou muito doente e, quando o bebê nasceu, ele morreu.

Ela sempre disse que ele havia sido um ótimo marido, que a tratava bem, a fazia feliz, mas nunca escondeu dos filhos, nem de ninguém, que nunca o amou. Casamento já é uma coisa muito difícil e complicada com amor, imagine sem!

Pode parecer cruel, mas conheço muitas mulheres para as quais a viuvez foi uma bênção, pois as livravam de casamentos de muito sofrimento.

O casamento de minha avó materna Layr também foi sem amor. Com o absurdo agravante que ela, aos 23 anos, não sabia que existiam relações sexuais. Acredite se quiser, ela se casou acreditando em cegonha. Você deve estar achando que eu estou inventando ou exagerando, mas é a pura verdade. Ela mesma me contou isso quando eu tinha 21 anos e ela, uns 68.

Jamais me esquecerei daquela tarde. Ela estava lá em casa fazendo-nos uma visita, e ficamos conversando na janela do meu quarto. Não sei como começou o assunto, mas entre outras coisas ela me disse: "Se eu soubesse o que era o casamento, jamais teria me casado." Eu fiquei arrasada! Vi como ela devia ter sofrido.

Meu avô, marido dela, contava para todo mundo, cheio de orgulho, a história de como eles haviam se conhecido e como ele a "conquistara". Meus bisavós tinham um casarão em Santos, na Av. Ana Costa, perto da praia. Nos finais de semana toda a família ficava sentada na varanda olhando o movimento da rua. Meu avô sempre passava na porta da casa e via minha avó sentada com os pais e as irmãs. Um dia disse ao amigo que o acompanhava: "Está vendo aquela moça sentada na varanda, de vestido branco? Vai ser minha esposa". O amigo comentou que estava surpreso em saber que ele havia ficado noivo. E meu avô disse que não estava noivo e que nem conhecia a moça, mas que havia decidido se casar com ela. Pode uma coisa dessas? Minha avó nem sabia que ele existia e já estava com seu destino traçado!

Uma tarde meu avô bateu à porta do casarão, deu um bilhete à empregada e disse a ela que o entregasse a meu bisavô. No bilhete dizia: "Gostaria de ser recebido pelo senhor com o propósito de nos conhecermos, pois pretendo pedir sua filha Layr em casamento".

Meu bisavô leu, pensou e mandou outro bilhete autorizando meu avô a fazer uma visita à família. E assim os dias, as semanas e os meses se passaram e o namoro se resumiu a constantes visitas de meu avô à casa da família, sempre na sala, na presença de todos.

O casal jamais ficou sozinho para conversar ou para qualquer outra coisa, nem depois do noivado e com a data do casamento marcada.

Casaram-se. Foi uma cerimônia linda, cheia de pompa, e até hoje tenho as fotos.

Agora imagine o susto que minha avó levou na noite de núpcias! Ela não sabia que aquele contato íntimo existia, então achou que meu avô a estava machucando, que estava sendo violento. Coitada da minha avó! Naquela tarde em que conversamos na janela de minha casa, ela disse achar que casamento fosse simplesmente morar junto, ter carinho, afeição, respeito, beijos, amizade, flores e diversão. E os filhos naturalmente viriam quando ela os pedisse à cegonha, ou quando Deus os mandasse pela cegonha.

Fazendo aqui um parênteses, foi exatamente isso que minha mãe me disse quando eu era pequena, e lhe perguntei como os bebês nasciam. Que absurdo! Ainda bem que eu não acreditei.

Essa foi uma geração de mulheres que teve seu "Príncipe" escolhido à revelia, e que por causa disso passou a vida toda ***dormindo.***

CAPÍTULO 3

Alguém ainda espera um Príncipe?

Lamento dizer que sim. Mas não me refiro ao fato de toda mulher querer ter seu amado ao lado, mesmo que só queira casar e ter filhos depois dos 30 anos para antes *fazer carreira*. A figura do homem protetor, que a ama, que puxa a cadeira, que manda flores, que troca o pneu, que tem pegada, que carrega as malas, ainda é muito forte e povoa o imaginário de mulheres de todas as idades.

Mesmo aquelas que já foram casadas e se divorciaram ainda esperam encontrar o companheiro ideal. Até aí tudo maravilhoso. O que me assusta é ainda hoje ver mulheres que ficam indignadas quando os rapazes pedem para dividir a conta do restaurante, do motel, da balada, do supermercado, do aluguel. Elas estão no mercado de trabalho há anos, são independentes financeiramente, batalham para serem respeitadas, para terem direitos iguais aos dos homens, no trabalho e na vida, mas na hora de outro tipo de *igualdade* transformam-se em "garotinhas mimadas".

Por que o homem tem que pagar a conta do restaurante, mesmo no primeiro encontro? Quem determinou isso? Em que cartório está registrada essa lei? Além dos contos de fadas, talvez a culpa seja também de alguns livros de etiqueta e comportamento, que abominam essas atitudes masculinas e incentivam as mulheres a não aceitar isso.

E o pior é que os homens também se sentem mal em dividir essas despesas, pois os tais contos de fadas também deixaram marcas no inconsciente masculino e passam de pai para filho. A mulher jamais conseguirá ter a igualdade e o respeito que tanto deseja se continuar a pensar como princesa e enxergar o homem como príncipe.

Nenhuma mulher deveria sentir-se indignada, desrespeitada ou humilhada quando o homem olha uma conta de restaurante e diz: "*Meu amor, deu 50 reais para cada um*". Para algumas isso é a sentença de morte do fulano! Conheço mulheres modernas e independentes, que terminaram relacionamentos antes de começarem por causa disso! Não deram ao homem a chance do segundo encontro! Em motel então, Deus proteja os homens! Na hora da conta, se eles dão a metade do dinheiro é caso para assassinato. Coitado do cara! No dia seguinte sua fama de ridículo, mesquinho, troglodita, pobre, e até dc que é pouco dotado estará na internet. Uma mulher ferida é um monstro destruidor.

Reclamam que os homens são machistas, mas esquecem que eles foram gerados, criados e educados por uma mulher também, suas mães e sogras, ou seja, elas mesmas que passam de geração em geração esses conceitos abomináveis de Belas Adormecidas.

A educação que as mães dão para suas filhas, ainda hoje, é diferente da que dão para os filhos.

As meninas são diferentes por quê? Há anos busco uma explicação.

Outro dia uma amiga, bem mais jovem que eu, comentou que "fulana de tal era uma vagabunda". E isso somente porque em uma festa a moça tomou a iniciativa na hora de conhecer um rapaz pelo qual estava interessada. Estamos no século XXI! Quando esses preconceitos vão acabar? Quem disse que é o homem quem deve tomar a iniciativa?

Querida, se o menino que você está a fim for inibido, ou tiver problemas de autoestima e, por isso, não se aproximar de você, jamais terá nada com ele, *ok*? Perceba que o conceito de ficar "*esperando*" o homem se aproximar tem a ver com a coitada da Bela Adormecida que ficou 100 anos esperando até que o Príncipe aparecesse para beijá-la e trazê-la de volta à vida.

Quem ainda pensa assim não está nem dormindo, mas em estado de coma profundo.

CAPÍTULO 4

Sexo: Trate bem o seu tesão

Sempre ouvi relatos de mulheres de gerações passadas, nos quais diziam que antes de se casarem (virgens, naturalmente), suas mães tinham uma conversa muito séria com elas, na qual davam-lhe vários conselhos:

1º — Na noite de núpcias quando seu marido lhe *procurar*... (desculpe, querida leitora, mas nesse momento parei de escrever, pois essa palavra "*procurar*" me dá acessos de riso), não demonstre sensação alguma, pois ele poderá pensar que você já esteve com outro homem.

2º — Durante o casamento cumpra suas *obrigações de esposa* sem reclamar, mesmo se não estiver com vontade de ter relações.

3º — Se você perceber que seu marido tem outra mulher, faça *vista grossa*. O importante é manter o casamento e preservar os filhos.

4º — Jamais questione seu marido, ele é o senhor da casa e isso irá irritá-lo.

5º — Se em determinado momento de sua vida seu marido parar de lhe *procurar*, não pergunte por quê. Apenas conforme-se com a situação e mantenha as aparências.

E muitos outros absurdos eram ditos para as coitadinhas das moças.

Não sei o que era pior: não falar nada a ponto de elas se casarem acreditando em cegonha, ou falar essas bobagens monumentais.

Nos anos 80 conheci uma senhora de 60 anos que dizia ser *viúva de marido vivo*, pois quando tinha 33 anos seu marido parou de procurá-la.

Alguém ainda tem dúvida por que os homens frequentavam as tais "casas de tolerância"? Naturalmente precisavam transar com alguém que não estivesse morta! Se a moça era orientada a não demonstrar nada na cama, naturalmente o homem deveria sentir-se péssimo, então, buscava algo mais quente. Muitos tinham amantes fixas com casas montadas para elas. E outros até constituíam uma família paralela com mulher e filhos, afinal não existia a pílula anticoncepcional.

Repare como esses casos eram muito mais comuns antigamente. Hoje em dia, com as conquistas das mulheres, a independência financeira e a maior liberdade sexual delas, o homem não tem estrutura física, psicológica nem financeira para manter duas mulheres, duas casas e vários filhos com cada uma. Hoje existe a pílula anticoncepcional, camisinha, *flats*, motéis, e as mulheres não precisam ser sustentadas, pois são independentes, nem precisam *fingir que não estão sentindo nada* como as mães antigamente pediam. Se bem que do jeito que alguns homens são desinformados em relação ao corpo feminino e ao que fazer na cama, muitas mulheres, ao contrário de suas antepassadas, e para não magoar o cara, precisam *fingir que estão sentindo tudo.*

A igualdade, ou tentativa de igualdade, entre os sexos acabou com alguns problemas entre homens e mulheres, mas trouxe outros. Por exemplo: frequentemente escuto amigos solteiros dizendo "tem menina que é para casar e outras para transar". Que absurdo!

Outro dia estava na piscina de meu prédio quando um querido amigo e vizinho disse exatamente essa frase. Quase me afoguei. Achei que tivesse feito uma viagem no tempo sem perceber, e caído nos anos 60. Meu Deus, eu escutava isso quando tinha 13 anos!

A maioria das mulheres evoluiu, acordou, se libertou sexualmente, mas os homens continuam pensando as mesmas coisas que seus avôs e bisavôs! Desse jeito elas vão precisar fingir que ainda estão *dormindo*!

Penso que as mulheres conquistaram muitas coisas importantes, mas algumas ainda passam para suas filhas os mesmos conceitos descabidos de séculos passados. Assim ninguém nunca vai se entender!

Eu faço muitas pesquisas com mulheres de várias idades, e uma das coisas que constatei foi que em situações de traição, a mulher é sempre a *vagabunda,* independentemente de que lado da traição ela está.

Vou explicar. Se um homem flagra sua mulher com o amante, na mesma hora a chama de *vagabunda*. E por mais que fique louco da vida com o rival, lá no fundo compreende o cara, pois ambos *são homens* e se alguém ali tem culpa é a mulher, que com certeza deu em cima dele.

E se, ao contrário, uma mulher flagra seu marido com a amante, na mesma hora também a chama de *vagabunda.* E por mais louca da vida que fique com o marido, no fundo ela o entende, pois afinal de contas *ele é homem* e, com certeza, a outra deu em cima dele. Resumo da ópera: a mulher é sempre a *vagabunda.*

As mulheres têm pavor desse *adjetivo feminino qualificativo*! Tenho amigas cuja idade vai de 20 a 55 anos, que muitas e muitas vezes deixam de ir atrás de sexo gostoso e seguro com alguém que as atrai com medo do que o cara vai pensar, ou *do que os outros vão pensar*. E se reprimem, deixam de lado o desejo e sublimam o tesão.

Aliás, essa frase "o que os outros vão pensar" deveria ser abolida de nosso vocabulário, pois empata a nossa vida. Quantas gerações de mulheres cresceram sob este jugo? Quantas deixaram de ser felizes por causa dos *outros*? Duvido que você, que está lendo esta página, nunca tenha deixado de fazer alguma coisa em sua vida pensando nos *outros*. Quem são *os outros*? Alguma entidade espiritual que virá roubar sua alma quando você morrer? Alguma instituição governamental que virá lhe prender e torturar? Extraterrestres que vão lhe abduzir na calada da noite? Que eu saiba *Os Outros* é o nome de um filme estrelado pala atriz Nicole Kidman, e refere-se a pessoas mortas que vagam perdidas pela Terra pensando que ainda estão vivas. Você está morta ou viva? Está viva? Então viva sua vida e faça sexo com quem bem entender! Esqueça *os outros*! Trate bem seu tesão, transe sem culpa, não importa a situação.

Respeito todas as religiões, mas a afirmação de algumas de que sexo só pode ser feito para procriar e proíbem o uso de camisinha é ridícula! Isso só gera culpa e faz você arrastar correntes por toda a vida.

Sabemos que o homem tem uma quantidade brutal de testosterona no organismo e que a mulher tem uma quantidade pequena. Esse hormônio é uma das explicações do estupro, do início das guerras, das porradas que os homens dão em suas mulheres e em outros homens, do sexo bruto e desenfreado etc. A testosterona causa um impulso sexual enorme, e vários homens quando traem apoiam-se nessa questão: "Poxa meu bem, eu sou homem, né? A garota deu em cima de mim, o que eu ia fazer?"

Você, com certeza, acha que eles estão errados e que eu vou dizer que são uns canalhas e cafajestes por afirmarem isso?

Enganou-se, eles estão certíssimos. Por meio de pesquisas científicas constatei que a testosterona é a grande responsável pela necessidade que os homens têm de ter sexo com várias parceiras simultaneamente. Os homens transam por tesão e tudo bem. Sentem-se atraídos por uma mulher e se são correspondidos, vão à luta.

Se não são correspondidos, ficam em cima até conseguirem ser. Se quebram a cara e não conseguem nada, partem para a próxima. Por isso dizem que "homens saem à caça". É verdade.

E se são casados, com filhos e amam suas esposas, não sentem culpa ao traírem. Encaram isso com naturalidade.

Mas como são muito babacas, mentem mal, deixam fios soltos e as mulheres, boas perdigueiras que são, acabam descobrindo. Se os homens soubessem mentir bem, não haveria tantos problemas no casamento. Por que você acha que entre astros de cinema existe um contrato pré-nupcial? Não é só por causa de dinheiro, pois na maioria das vezes nesses casamentos a mulher também é rica. Esses contratos existem porque a mulher já se casa com medo de ser traída, então quer se proteger, quer tentar a missão impossível de fazer o marido ser fiel pelo caminho dos bens materiais. As cláusulas desses contratos são hilárias. Dizem que se o marido trair a esposa até o quinto ano de casamento, ela receberá cinco milhões de dólares, além da casa onde moram. Se a trair até o décimo ano de casada, receberá 10 milhões de dólares, a casa onde morarem, o iate e o apartamento em Paris, e assim por diante.

E olhe que eu estou dando exemplos com cifras bem modestas, pois o que se vê entre os multimilionários são quantias que giram em torno de 80 milhões de dólares. Não vou citar nomes, embora todos sejam conhecidos do público pela mídia, mas centenas de atores, cantores, atletas e empresários ao redor do mundo perderam quase toda sua fortuna por causa de traição e dos contratos que haviam feito. A culpa é sempre dos tais "fios soltos". Homem com tesão não raciocina e mente pior que um menino de três anos.

As mulheres traem bem menos, porém quando o fazem, geralmente não é só por tesão. Na maioria dos casos estão envolvidas ou apaixonadas, mesmo amando seus maridos. Estas mulheres não estão *adormecidas,* mas ainda permanecem *sonolentas.*

Precisam, primeiro, ser muito elogiadas pelo "outro"; precisam sentir que ele também está envolvido afetivamente e que não a quer só por tesão. Precisam conversar muito com a melhor amiga e confidente; precisam conversar muito com Deus; precisam conversar muito com o terapeuta; precisam conversar muito com o "candidato"; precisam de namoricos furtivos ao celular; precisam trocar centenas de *e-mails* ardentes; precisam pensar nos filhos; precisam pensar no marido; precisam fazer um balanço de seu casamento; precisam fazer a depilação; precisam retocar as mechas do cabelo; precisam fazer escova progressiva; precisam fazer as unhas das mãos e dos pés; precisam perder dois quilos, tudo isso antes de se decidirem, mesmo querendo profundamente sair com o "escolhido".

E, finalmente, quando concretizam seu desejo, ficam superculpadas e em um primeiro momento se arrependem, mesmo que a cama com o amante tenha sido espetacular. Ao chegarem em casa, olham para os filhos e sentem vontade de chorar, só de pensar que aqueles anjinhos têm uma mãe devassa que arriscou a felicidade deles por prazer sexual. Quando olham para o marido mentem muito bem, os fios ficam todos bem amarrados — geralmente têm uma amiga dando cobertura —, mas pensam quanto o amam e como foram loucas em arriscar um casamento de tantos anos por uma aventura.

Se o romance extraconjugal continuar, aumentarão as sessões de terapia; mas, mesmo assim, a culpa as acompanhará para sempre.

A menos que o casamento já esteja na UTI e o marido seja um panaca, aí sim, poderão desfrutar com mais leveza da nova paixão. Mas as correntes estarão sempre ali para serem arrastadas.

Já as mulheres bem *acordadas* e resolvidas, essas infelizmente são minoria, porém fazem o que têm vontade, sem se preocupar com a entidade *Os Outros*.

Buscam seu prazer, tomam a iniciativa em relação ao homem que querem conhecer, jamais abrem mão de seu orgasmo e, muitas vezes, o homem é apenas um PA. Se existe alguma mulher que ainda não saiba o que é isso, eu explico. PA significa *Pinto Amigo*, e é aquele amigo gostosão, casado ou não, com os quais elas marcam encontros sexuais esporádicos quando não estão namorando, ou quando estão sem parceiro fixo.

É aquele homem para fazer sexo seguro sem compromisso quando estão a fim. E em vez de admirarmos essas mulheres modernas que abrem novos caminhos e quebram paradigmas, muitas de nós as chamam de vulgares. Lamentável!

Outra questão que obtenho em minhas pesquisas — e que é um ponto comum a quase todas as mulheres — é o fato de reclamarem que os homens são egoístas na cama, que se preocupam muito com seu próprio desempenho, com o tamanho do membro, que só pensam na penetração, desconhecem a importância das preliminares para as mulheres e não sabem do que elas precisam. E uma queixa geral: eles se recusam a fazer sexo oral. Querem receber sempre, mas quase nunca querem fazer.

Imagine a cena: a garota está lá, toda romântica, sentada no sofá aos beijos com o namorado, quando sente uma mão pesada vinda de trás, empurrando sua cabeça para baixo. Não tem nada mais brochante para uma mulher do que passar por isso, se não tiver muita intimidade com o sujeito, muito tempo de namoro ou de casamento. Ainda assim acho esse clichê comportamental dos homens um HORROR!

Alguém conhece uma única mulher que, estando aos beijos com o cara que pouco conhece, empurre a cabeça dele com força para baixo, sem falar nada? No mínimo elas são mais sutis e *pedem* que eles "façam isso e aquilo".

E em se tratando de sexo oral, ainda nos dias de hoje muitos homens nem sequer sabem onde fica o clitóris e que ele é a "chave do cofre". Muitos o confundem com os pequenos lábios e outros nem sequer sonham que existem esses nomes: pequenos e grandes lábios. Em uma conversa sobre esses nomes, com toda a certeza, vão achar que o assunto é sobre boca pequena e boca grande.

Os relatos que escuto são de arrepiar os cabelos! Certa vez uma atriz e apresentadora de um programa de TV a cabo falou no ar que "homem que não gosta de fazer sexo oral em mulher é *gay*". Choveram *e-mails* de espectadores e foi criada a maior polêmica. Muitos homens escreveram protestando, porém centenas de mulheres mandaram *e-mails* agradecendo por ela ter dito aquilo. Disseram que seus namorados e maridos agora estavam fazendo sexo oral como nunca para não passarem por *gays*.

Os homens, de um modo geral, alegam as seguintes razões para não fazerem sexo oral nas mulheres:

1 — Nojo.
2 — Aversão ao cheiro.
3 — Muitos pelos no local.
4 — Falta de vontade.
5 — Não querem chupar outro pinto por tabela.
6 — Preguiça.
7 — Não sabem o que fazer ali.

Enfim, mais absurdos.

Porém, se a mulher está bem *acordada,* tem que entender que precisa colaborar com a rapaziada, certo? Como?

1 — Cuidando da saúde ginecológica.
2 — Estando sempre bem cheirosa.
3 — Se depilando (vamos combinar que excesso de pelos não está com NADA).
4 — Conversando com o parceiro sobre o assunto e dizendo exatamente do que gosta e como ele deve fazer.

5 — Conduzindo verbalmente e de forma sensual a língua dele.

6 — Comandando de forma pontual a cabecinha dele.

7 — E falando, falando muito durante o sexo oral, assim ele vai saber se está no caminho certo.

Centenas de mulheres são unânimes em dizer que a maioria dos homens quando se dispõe espontaneamente a fazer sexo oral na parceira, ou então, quando elas pedem e até intimam, limitam-se a ficar dando voltas sem destino com a língua na região pretendida, ou, simplesmente, dando lambidas frenéticas e alucinadas com a pontinha da língua em um ponto específico "nos arredores" do clitóris.

Sabemos que isso não leva a mulher a lugar nenhum. E sabemos também que o orgasmo feminino vem, na maioria esmagadora dos casos, do estímulo do clitóris, quer seja com a língua do parceiro, com a mão, com os dedos ou com a pressão do corpo dele durante os movimentos da penetração. Orgasmo vaginal só com penetração existe, mas é muito mais raro do que se supõe.

Há relatos de mulheres que passam a vida toda sem ter um orgasmo. E não estou falando de mulheres com problemas de frigidez ou de qualquer outro tipo. Estou falando da incompetência masculina e também da falta de comunicação verbal/sexual de alguns casais. Então, um coloca a culpa no outro por sua falta de prazer.

Se uma mulher com libido normal não tem orgasmo nas relações sexuais, é porque o homem não sabe fazer nada, não entende o processo do estímulo sexual feminino, não conhece o corpo da parceira, ou então a mulher não fala sobre o assunto, não conduz a relação para orientar o companheiro. E vice-versa. É claro que em relações fugazes entre pessoas que não se conhecem direito, é natural que ambos acabem indo com muita sede ao pote e só o homem tenha orgasmo. Porém, entre namorados, casados, amantes, precisa haver comunicação. Um tem que falar para o outro do que gosta, do que precisa e como deve ser feito. Repare que se em uma relação sexual a mulher não goza, ela finge que gozou para não magoar o parceiro. Porém, se diz a ele que não gozou, ou simplesmente não fala nada, para ele tudo bem. Ele acha normal. É que existe uma lenda que diz que é muito difícil fazer uma mulher ter um orgasmo.

Mas, se o homem não goza ou sequer consegue ter uma ereção satisfatória, a mulher sente-se culpada. Então a frase que se ouve dele é: "Isso nunca me aconteceu antes!" E a frase que se ouve dela é: "O problema sou eu?" Eles dizem que não, mas lá no fundo acham que sim, que a culpa é dela.

Uma conhecida de longa data me contou nos anos 90 que a mãe dela havia lhe confidenciado que tinha tido seu primeiro orgasmo depois de 15 anos de casada com o marido. QUINZE ANOS!!! Ela ficou calada esse tempo todo? Nunca comentou com o marido que não gozava? Ele nunca percebeu? Ela fingia? Ele fingia que não via que ela fingia?

Fico me perguntando o que será que esse homem fez no dia em que ela teve o tal orgasmo tardio? E ela, depois de tanto tempo sem sentir nada, deve ter achado que estava passando mal ao ter a nova sensação. Assim como ela, quantas mulheres mundo afora passam pela mesma situação? Muitas não sabem sequer dizer se já tiveram ou não um orgasmo. Como assim? Acredite, se você já teve vai saber. Se as mulheres se masturbassem mais, conheceriam muito melhor seu corpo, as sensações prazerosas, as zonas erógenas e poderiam assim conduzir os parceiros mais certeiramente.

As casadas que nunca tiveram orgasmo ficaram *dormindo* sexualmente durante 20, 30, 40 anos de casamento? E aquelas que não fingem? Coitado do homem, pois nunca terá a satisfação de ver a parceira gozando.

É preciso haver uma comunicação diária: verbal e corporal. A mulher também precisa saber do que o homem gosta na cama. Muitas também cometem o erro de achar que "homens são todos iguais". Mentira! Eles também têm suas preferências e seu jeitinho de serem estimulados. É lógico que para a mulher é mais fácil desvendar o homem do que o contrário, mas sem conversa e sem a condução do sexo não dá certo ou demora muito para dar.

Aquelas que estão bem *acordadas* entendem muito bem do que estou falando. Gostaria que este capítulo servisse de estímulo para mulheres que nunca tiveram orgasmo, para as que não se comunicam com seus companheiros e que têm uma vida sexual fora de sintonia, sem graça ou com prazer unilateral.

CAPÍTULO 5

Para que serve o casamento?

Pode ser que você ache essa pergunta estranha, ou talvez ache que eu sou estranha por fazê--la, mas eu realmente adoraria uma boa resposta. Algumas mulheres dizem que quando se ama de verdade o casamento é inevitável, pois você quer passar o tempo todo com o homem que ama, quer ter filhos, enfim, constituir uma família.

E eu pergunto: você precisa se casar para fazer tudo isso? E não estou nem falando de casamento tradicional, no civil e no religioso, independentemente de sua religião. Eu estou falando de "morar junto" também. Para quê morar junto? Muitos dizem que com o casamento o casal está começando uma vida nova. Eu digo que com o casamento o casal está estragando a vida antiga.

Se o romance está tão bom a ponto de quererem ficar o tempo todo juntos, por que estragar isso? Será que em parte isso tem a ver com a entidade *Os Outros*? Ou ainda tem a ver com *A Bela Adormecida* e todos os outros contos de fadas?

Tente refrear o impulso de ficar acorrentada a alguém por tantos anos! Digo *tantos anos*, pois não existe o "para sempre". Os casamentos cada dia duram menos. Até quem casa no catolicismo, e em religiões com filosofias semelhantes, já começa mentindo no dia da cerimônia.

Leia com atenção as palavras que os noivos têm que dizer um para o outro: "Eu, Regina, prometo amar, respeitar e ser fiel a Gustavo, na alegria e na tristeza, na saúde e na doença, na riqueza e na pobreza, até que a morte nos separe". Alguém segue isso? Esperam a morte para se separarem?

Como é que se pode jurar amor eterno? Nunca sabemos o que vai acontecer com nossos sentimentos! Respeito, então, é uma das primeiras coisas que as pessoas perdem. Até mesmo quando se casam já se desrespeitaram muito. E fidelidade então? Isso existe? Talvez seja uma ilusão que as mulheres alimentam para serem felizes.

Eu acredito que quando um casal está junto, o que cada um faz com sua vida, com sua individualidade e privacidade não diz respeito ao outro, incluindo aí o fato de terem outros parceiros.

É lógico que não estou falando de promiscuidade, nem de transar por transar com todo mundo. Estou me referindo ao fato de que a pessoa casada não está morta.

Como é possível se fechar para o mundo, se fechar para outras experiências, para outras pessoas? Como é possível bloquear sentimentos e desejos espontâneos, que surgem dentro de nós sem aviso?

Monogamia é antinatural, mas quase ninguém admite isso. Acho possível que em um casamento com muito amor e tesão a tal fidelidade possa existir a muito custo por alguns anos, mas em um casamento de 10, 15, 20, 30 anos? Acho impossível. Os homens são infiéis por natureza, por um fator cultural, por impulso hormonal e realizam suas fantasias. E as mulheres precisam acreditar que eles são fiéis para sobreviverem. Porém, o que impera é a hipocrisia.

Toda mulher casada também tem fantasias com outros homens, ou até com mulheres, mas raras confessam, e quase nenhuma afirma que adoraria realizá-las. E quando realizam não contam nem para o espelho.

Tenho uma amiga, atriz famosa, que tem um marido supermetrossexual. Ele é lindo, se cuida, está sempre bem vestido, é carinhoso com ela, o sexo é ótimo, eles se amam e se dão bem; no entanto, a fantasia dela é ser agarrada por um caminhoneiro todo sujo de graxa, que a jogue na parede e faça sexo selvagem.

O casamento acaba com a privacidade das pessoas. São *algemas de ouro.* Além de terem que morar no mesmo lugar, o que dizer de dividir o mesmo quarto? E a mesma cama para dormir? E quando um precisa acordar muito mais cedo que o outro? E quando um quer ler ou ver TV na cama e o outro quer apagar a luz e dormir?

E o que dizer quando o marido ronca? E pior, como é possível dividir o mesmo banheiro? Deveria ser proibido um sentir os "aromas" do outro.

E quando, sem querer, um flagra o outro fazendo xixi de porta aberta? Existe algo menos sensual que isso? Bem, existe todo tipo de fetiche...

Se um dos dois é muito ciumento, coitado do outro! Terá seus *e-mails* vasculhados e seu celular devassado. Jamais poderá falar ao telefone em particular, sem que o outro fique vigiando.

As pessoas continuam sendo elas mesmas quando se casam, então por que um se acha dono do outro? Por que um vive querendo controlar e mudar o outro?

O segredo para uma relação gostosa, duradoura e sempre cheia de novidades é morar em casas separadas. Mesmo que o casal esteja casado de papel passado. Quem leva essa vida sabe do que estou falando.

Em minhas palestras só para mulheres, eu abordo esse assunto.

É lógico que isso sempre gera polêmica, mas meu objetivo é esse mesmo, fazer as mulheres discordarem, concordarem e debaterem, contanto que estejam refletindo sobre suas vidas. Um dia, ao final de uma dessas palestras, uma mulher muito bonita, superchique, que assumiu ter 56 anos, mas que não aparentava de jeito nenhum, veio falar comigo junto de duas amigas. Ela disse que havia adorado minha palestra, mas que não concordava com minhas teorias sobre o casamento, e sobre morar em casas separadas. Disse que era casada havia 30 anos e era muito feliz morando com o marido. Aí eu disse: "Você tem seu banheiro e seu marido tem o dele? Você tem um quarto a mais em casa para quando deseja dormir sozinha?" Ela, muito sem graça, disse que sim e acabou concordando que em muitas questões eu tinha razão. Não precisei dizer mais nada.

E quando chegam os filhos? Pronto, acabou mesmo a privacidade. A vida fica em função daquelas criaturinhas lindas, que são tão amadas! Um simples passeio no parque, ou uma informal ida ao *shopping* vira uma verdadeira operação de guerra. Não dá para sair sem o carrinho, sem o moisés, sem a malinha com as mamadeiras e as fraldas, sem uma muda de roupa, sem os brinquedinhos e, muitas vezes, sem a babá ou a sogra para ajudar.

E estou falando de uma criança apenas, pois quando são duas ou três, apesar de toda a felicidade que um casal tem em ter esses filhos, é preciso admitir que o casamento fica em quarto plano.

A vida social e sexual então...

Lamento, querida leitora, mas meu modelo ideal de relacionamento está muito distante do tradicional. Mas tenho certeza que alguma mulher nesse momento está revendo seus ideais matrimoniais ou pensando em mudar alguma coisa em sua vida.

Muitas das jovens mulheres que estão bem *acordadas* já pensam diferente. Adoram namorar, muitas namoram para casar, mas primeiro estão cuidando de suas carreiras. Não pensam em ter filhos antes dos 35 anos (se os tiverem), adoram morar sozinhas e já lamentam saber que perderão esse estilo de vida quando se casarem. Graças a Deus conheço várias que estão nessa sintonia e não pretendem repetir o padrão de suas mães.

Elas só não conseguem entender ainda que fidelidade não existe.

Se casamento fosse tão bom, não existiria a *despedida de solteira.*

No final do ano de 2009, vi a cantora Madonna dando uma entrevista no programa de David Letterman. Ela tinha se separado havia pouco tempo, e ao ser perguntada pelo apresentador se pretendia se casar novamente respondeu: "Prefiro ser atropelada por um trem". Adorei a resposta.

CAPÍTULO 6

O direito de não querer ter filhos

Para ser mãe, em minha opinião, são nccessárias duas características fundamentais: *instinto maternal e vocação*. Uma não anda sem a outra.

Isso para não mencionar abnegação, paciência infinita, altruísmo, enorme generosidade, desprendimento, tolerância, controle total da agressividade e saber que, lá na frente, aquela pessoinha vai embora viver a vida dela, muitas vezes se lixando para a dedicação que você teve.

É curioso perceber como a maioria das mulheres acha que tem obrigação de ser mãe!

A mulher tem todo o direito de não querer ter filhos! As que optaram por não tê-los, casadas ou solteiras, são chamadas de egoístas, insensíveis e centradas somente em suas próprias vidas e carreiras.

Algumas são acusadas de não querer ter filhos para não *deformar o corpo.* Que ridículo! E não faltarão pessoas para lhes atirarem pedras.

Muitas se sentem envergonhadas de admitir que não querem filhos, então mentem dizendo que não conseguiram engravidar por algum problema de fertilidade. Quando uma moça se casa, a pressão da família é enorme para que ela tenha filhos. Principalmente da mãe e da sogra, que querem "um netinho". Ah! Querem um netinho? Então adotem um!

Basta um casal chegar a um almoço em família que já começam as perguntas: "E então, quando é que vão encomendar um bebê?".

Fico perplexa em ver a quantidade de mães que não têm instinto maternal nem vocação. Ser mãe é uma linda e difícil missão, e quem tem filhos deve saber das responsabilidades que a maternidade traz. Mãe é para sempre!

Tenho uma amiga que diz amar muito os dois filhos que tem. E ama mesmo. São dois meninos que não foram planejados. Do primeiro ela ficou grávida em um "vacilo" enquanto estava noiva e ainda reformava o apartamento em que ia morar com o futuro marido. Casou-se com cinco meses de gravidez (só antecipou o casamento por estar grávida. Que coisa antiga!); teve o filho e enquanto amamentava esse primeiro bebê, ficou grávida do segundo. Disse que foi outro "vacilo". Como assim? Vacilo com o próprio marido? Vacilo no século XXI? Eu chamo isso de irresponsabilidade. Na hora só pensou no sexo, e não se preocupou com a contracepção?

Ela teve dois filhos em sequência, sem planejar, sem estar preparada, sem maturidade, não curtiu o marido, não curtiu a vida a dois sem crianças ao redor, sem tantas coisas para se preocupar; e hoje é uma péssima mãe e vive estressadíssima. Quer viajar e badalar com o marido, e empurra os filhos para a mãe e para a irmã, que é solteiríssima, sem filhos e acaba ficando presa, muitas vezes abrindo mão de sair e viajar com o namorado por não saber dizer NÃO para a irmã. É preferível não ter filhos, a tê-los e deixá-los todo o tempo com parentes, babás, creches, vizinhos, amigos etc.

Para os homens é muito fácil ter filhos. Não são eles que geram uma criança dentro deles por nove intermináveis meses. Não são eles que vão carregar 10, 15, 20, 30 quilos por quase um ano, perder todas as roupas e talvez nunca mais voltar ao antigo peso. Não são eles que ficarão enjoados e com seus hormônios enlouquecidos. Não são eles que vão passar pela absurda e perigosa situação que é o parto normal, ou fazer a delicada cirurgia, que é a cesariana. Não são eles que muitas vezes terão depressão pós-parto, perderão temporariamente a libido ou até morrerão de outras complicações.

É engraçado ver a cara das pessoas quando em uma reunião social, em uma festa com amigos ou colegas de trabalho, uma mulher jovem em idade fértil diz que não pretende ter filhos. Todos a olham como se fosse um ser estranho, abominável. Alguns ficam com pena, pois têm certeza que ela *não pode ter*, mas diz que *não quer ter* por vergonha de dizer que não *pode ter*. Isso significa que a "opção" de não querer ter está descartada?

Nos Estados Unidos, Canadá, Inglaterra e Austrália existem, desde 1980, movimentos e associações de "não-mães" e "não-pais" que conseguiram inserir o termo *childfree*, que significa "livre de filho", ou seja, aquelas mulheres, e também homens, enfim, casais que não desejam ter filhos. Ao contrário do *childless*, que significa pessoas que não têm filhos por razões que estão fora de seu controle, que desejam, mas não conseguem.

Não querer ter filhos é uma escolha, não um defeito de caráter.

Nos países citados existem cidades com zonas *childfree*, condomínios e hotéis com entrada proibida para menores de 13 anos.

Em algumas cidades do Brasil existem hotéis que já adotaram essa postura.

O maravilhoso e já falecido ator Paulo Autran teve durante uns 30 anos uma belíssima pousada em Paraty, onde era proibida a entrada e hospedagem de menores de 14 anos. Essa pousada ainda existe e seus herdeiros mantêm o desejo do ator: não aceitar crianças. Lá é uma delícia, um sossego, uma tranquilidade. Não existe gritaria na piscina, ninguém te joga água nem derruba suas coisas, não se ouve aqueles choros horríveis na madrugada, nem se vê dezenas de babás transitando com carrinhos, ou correndo atrás dos mal-educados filhos de mães sem vocação.

E você, que não deseja nem pretende ter filhos? O que me diz quando suas amigas começam a ter filhos? É um inferno, não? Só falam na criança, não têm outro assunto! Você ainda tenta mudar o foco da conversa, mas elas sempre voltam a falar das crianças. Que ótimo estarem felizes com seus bebês, parabéns! Mas deveriam poupar os ouvidos de quem não se interessa por esse assunto. Se você acabou de ter um bebê, saiba que existem outras coisas no mundo além de seu filho. Fale dele, conte as novidades, mas depois, por favor, mude de assunto, *ok*? Nem todo mundo está interessado em ficar horas ouvindo que sua criança falou *gugu dadá* pela primeira vez, que começou a engatinhar, que seu primeiro dentinho está nascendo, que fez um cocô lindo, que dormiu a noite toda como um anjinho etc. Todas as crianças fazem as mesmas coisas, sabia? Não me leve a mal, mas estou lhe dando uma dica valiosa, caso você queira manter seus amigos *childfree e childless.*

CAPÍTULO 7

DR – Explicação ancestral da rejeição masculina em Discutir a Relação

Quer afugentar um homem? Comece a discutir a relação. É a famosa DR, tão odiada pelos homens. E sabe por que eles odeiam esse nosso direito legítimo? A explicação é ancestral.

Nos séculos que se passaram, o homem era o provedor, o senhor da casa, e mandava em tudo e em todos. Resolvia a vida da mulher e dos filhos a seu modo e ninguém poderia contestá-lo. Sobre isso já tratamos amplamente em outro capítulo do livro.

Os meninos eram criados para mandar nas mulheres e elas eram educadas para obedecer caladas. Quando crianças viviam sob o domínio do pai. Quando se casavam só mudavam de endereço, pois continuavam sob o domínio de outro homem: o marido. Sendo assim, estando ele certo ou errado, sua palavra era a última a ser dada e pronto.

Como uma mulher poderia ir contra seu marido e senhor? Como poderia contestar suas decisões? Como poderia querer explicações sobre algo que a incomodasse? Se ele a abandonasse, como ela iria viver? Como iria se sustentar? O que seria dela sem um homem a seu lado?

Fui criada em um lar mais ou menos assim. Meu pai era um homem muito bom, mas um verdadeiro tirano machista. Nunca deixou minha mãe trabalhar, mandava na vida dela e decidia tudo sem ser questionado. Minha mãe, uma legítima Bela Adormecida, achava aquilo normal. Guardou todos os diplomas na gaveta e se casou aos 20 anos, em 1949, época em que isso era o comportamento habitual.

Bem, pelo menos ela casou por amor e nesse ponto foi mais feliz que sua mãe, minha avó Layr.

Porém, graças a Deus, esse panorama mudou já na minha geração, então eu e meu pai éramos como gato e rato. Eu não aceitava ser comandada por ele, não aceitava seu machismo abominável, seus desmandos e tive problemas graves até sair de casa aos vinte e poucos anos.

Saí muito tarde, infelizmente.

Bem, mas voltando à DR, quando as mulheres começaram a entrar no mercado de trabalho, a se sustentarem e conquistarem sua independência, pararam de aceitar os desmandos do homem, começando com seus pais em casa como eu fiz, e também com seus irmãos e maridos.

Então, nos anos que se seguiram, quando algo desagradava à mulher, ela contestava. Começou uma era de discussões e os homens não estavam e não estão até hoje preparados para isso. Querem distância do que as mulheres têm a reclamar. Está no DNA deles não quererem ouvir nossa opinião, o que temos a dizer e a reivindicar.

Uma mulher jamais descansa enquanto não discute bem a relação. Quando algo a incomoda, quando ela sente que o homem está estranho, quando está descontente com o comportamento dele, quando sente a presença invisível da *outra* no ar, ela fica em cima, marcando bem o sujeito, perseguindo-o, enlouquecendo-o, até obter as respostas que deseja.

Se levarmos em conta o fato comprovado cientificamente de que as mulheres falam em média sete mil palavras por dia, e os homens duas mil, dá para ter uma noção do desespero da rapaziada com tanto falatório.

Como o subconsciente masculino não está programado para essa situação, os homens não sabem o que fazer, ficam irritados, agressivos e alguns sentem dentro de si aquele desejo assassino, no intuito de que a mulher cale a boca.

Isso explica uma das razões do surgimento da Delegacia da Mulher e da maravilhosa Lei Maria da Penha.

É isso, simples assim. Nem vou me alongar. Eles têm que nos ouvir. E se quiserem nos dar suas duas mil palavras diárias, nós agradecemos.

CAPÍTULO 8

Mulheres Líderes

Liderança não é um cargo e sim uma atitude, mas a maioria das mulheres não se vê como líder e sim como criada ou comandada. É um grave erro pensar assim. Não é preciso sequer estar no mercado de trabalho para exercer liderança, basta que observemos uma dona de casa comandando o funcionamento de sua casa: as atividades dos filhos, do marido, o cardápio diário, a limpeza, a segurança, o conforto, a empregada, as festas, os passeios, as viagens etc.

Fico lembrando de minha mãe, que nunca trabalhou fora e mesmo meu pai não permitindo que ela exercesse sua profissão, ela adorava ser dona de casa, cuidar dos filhos e dele. Dizia que nasceu para isso. É claro que, como já mencionei em outro capítulo, meu pai era o senhor da casa, era quem decidia tudo e sempre tinha a última palavra, mas quem comandava o funcionamento do lar era minha mãe. Se ela não estivesse lá, tudo viraria uma enorme confusão. Todos dependíamos dela, mas não percebíamos. Nem meu pai notava isso. E não era uma questão de lavar, passar e cozinhar, pois havia auxiliares que faziam essas tarefas. Era uma questão de organizar, preparar, administrar, controlar, harmonizar, ou seja, liderar.

Tanto que depois que meu pai perdeu tudo o que tinha, e não havia mais condição de termos empregadas, nada mudou para nós. Minha mãe continuou a comandar tudo, realizando as tarefas com as próprias mãos, e sempre dando suporte emocional ao meu pai.

Aos 48 anos, ela precisou fazer uma cirurgia para a retirada do útero. Correu tudo bem, mas ela teve que passar uma semana no hospital. Eu e meus irmãos estávamos na faixa de idade entre 20 e 24 anos e, portanto, éramos adultos, mas mesmo assim ficamos perdidos sem nossa líder. Meu pai então, que era tão autoritário e mandão, parecia um cachorrinho de mudança, não sabia para onde ir nem o que fazer. Nunca o vi tão perdido, nervoso, ansioso, pensei até que ele fosse morrer de tanto que sofreu.

Toda mulher em algum momento de sua vida já exerceu a liderança. Se você pensar bem, lembrará de sua infância quando comandava as brincadeiras com seus irmãos, primos e amigos. E na adolescência, quando praticava esportes no colégio? Lembrou?

Líderes do lar à parte, eu gostaria de falar da mulher no mercado de trabalho.

Em pleno século XXI, mulheres ainda ganham menos que os homens exercendo a mesma função. Não é uma regra, mas é um ranço que se arrasta e não desgruda. É preciso mudar esse quadro definitivamente.

Porém, quando a mulher se destaca e assume cargos de comando, as coisas ficam estranhas em casa e no trabalho. Se o marido não for um líder em sua profissão ou, então, muito bem-sucedido, vai sentir-se diminuído por mais que não admita e diga que está tudo bem. Já vi casamentos que pareciam sólidos acabarem, simplesmente porque a mulher foi promovida a um cargo de comando.

Sabe-se muito bem que homens têm uma tendência a não aceitar comando de mulher, pois como, de um modo geral, as acham inferiores, sentem-se mais inferiores ainda se tiverem que obedecer a uma mulher. Quer seja uma gerente, uma coordenadora, uma supervisora, uma diretora de empresa ou presidente de um país.

Nesse caso, só para citar alguns nomes, veja que Margareth Thatcher era chamada de Dama de Ferro. Que bobagem! Se fosse homem, suas atitudes seriam normais. Indira Gandhi e Benazir Buto foram assassinadas. Cristina Kirschner não é levada a sério e é chamada de perua cafona. Hillary Clinton, em 2009, foi impedida de chegar à Casa Branca. E Angela Merkel e Bachelet foram quase ignoradas.

Uma mulher sempre terá sua competência questionada, simplesmente por ser mulher, e as que ocuparem cargos de liderança precisam estar preparadas para todo tipo de preconceito e as resistências que vêm com eles.

Há uma pesquisa muito interessante que descreve a seguinte situação:

Em uma reunião empresarial estão sentados à mesa vários executivos, entre eles uma mulher. Um dos diretores da empresa está em pé falando, e pedindo sugestões sobre um determinado problema que estão tentando resolver, quando a executiva propõe uma excelente solução. Imediatamente todos olham para o homem que está a seu lado e inconscientemente pensam que, com toda certeza, a ideia foi dele e não dela.

Conclusão: os homens não acham que as mulheres são capazes de resolver certas questões, e por instinto dão sempre o crédito a outro homem.

Este é um problema que deve ser observado e bem administrado. Num mundo onde produtos e preços estão cada vez mais parecidos, o grande diferencial competitivo de uma empresa é seu capital humano. Líderes devem escolher uma ótima equipe, vivenciar com ela sua missão, avaliar e treinar cada uma das pessoas de acordo com suas limitações e seu potencial, pois as empresas dependem disso para produzir melhor e gerar lucros. Mas e quando a equipe é formada por homens e a líder é mulher?

Fica muito mais complicado tomar decisões impopulares e demitir quem não se enquadra, sem que isso quebre a harmonia do grupo ou contamine o ambiente.

Mas quem é líder, é líder para liderar e não para ganhar um concurso de popularidade, portanto a líder que quiser ter autoridade, ser respeitada e também se preocupar em ser querida por todos, será uma péssima líder.

Pensando na equipe e na empresa, muitas vezes terá que tomar certas atitudes que vão desagradar muitos de seus liderados, então é bom se acostumar a conviver com rejeição e solidão.

Como todo líder, as mulheres líderes precisam passar para a equipe otimismo, autoconfiança e emitir energia positiva, mesmo que tenham que cumprir a famosa tripla jornada "casa, família, trabalho", estiverem na TPM e com sua vida pessoal "desabando". Precisam suportar as cobranças e pressões que virão de todos os lados, muitas vezes só porque são mulheres. Líderes mulheres são muito mais pressionadas quando as coisas dão errado, porém as grandes conquistas serão sempre celebradas em conjunto.

Mesmo em meio ao caos, precisam gerar crescimento, harmonia, realização, liderar pelo exemplo e quebrar paradigmas para inovar. As líderes modernas transmitem a diferença entre falhar e fracassar, e não têm medo de resultados negativos, pois sabem transformá-los em *feedbacks*, o que é fundamental para seus próximos passos.

A liderança servidora deve ser exercida em sua plenitude: tratar a todos como iguais; treinar seus substitutos; ser fiel à sua missão sem desperdiçar energia; demonstrar seus sentimentos sem se preocupar em parecer tola; delegar tarefas e demonstrar gratidão; dizer "sim" e dizer "não" com a mesma delicadeza; estar aberta às pessoas e às suas ideias; saber perdoar a todos, e principalmente a si mesma; entender que ninguém vence sem que todos vençam e ter orgulho de estar no comando.

Em uma viagem presenciei um caso curioso de um senhor que em pleno voo, ao saber que quem estava pilotando a aeronave era uma pilota, ficou desesperado, pediu para voltar ao aeroporto e descer, alegando que ela iria derrubar o avião. Ficou indignado por não ter sido avisado que a moça que ele viu entrando na aeronave, e pensou ser uma comissária, era na verdade a comandante do voo. Sim, eu estou falando de casos ocorridos entre o final do século XX e início do século XXI.

Esse preconceito infelizmente não parte só dos homens, pois dependendo da profissão em questão, e também de algumas situações, as mulheres também têm preconceito em relação a outras mulheres.

Lembro-me que quando tinha meus vinte e poucos anos, estava saindo de um *shopping* com minha mãe e minha irmã, e precisei pegar um táxi para ir a outro lugar. Parei o primeiro carro que passou e quem estava ao volante era uma mulher. Fiquei surpresa, pois naquela época isso era muito raro, mas achei muito legal. Mais tarde quando voltei para casa, levei a maior bronca de minha mãe. Ela disse: "Você é louca? Pegar um táxi com uma mulher ao volante? Você poderia ter sofrido um acidente!" Achei tão absurdo ela falar isso, que nem consegui reagir e argumentar. Afinal, minha mãe era uma Bela Adormecida.

CAPÍTULO 9

Mulheres que preferem mulheres

Embora meu objetivo neste capítulo seja falar sobre homossexualismo feminino, nem sempre são apenas as mulheres homossexuais que preferem se relacionar com outras mulheres.

Tenho uma amiga heterossexual convicta, que tem três filhos adultos de dois casamentos, os quais foram um tormento e não saíram como ela esperava.

Ela diz uma coisa hilária: que adoraria ser casada com mulher e que os homens seriam somente usados para o sexo.

É uma afirmação seriíssima da parte dela, sem qualquer cunho pejorativo ou jocoso.

É que suas experiências afetivas não foram das melhores, e ela acha os homens uns imbecis, machistas, insuportáveis. Não consegue conviver com o que chama de *cabeças babacas.* Porém, como ela é hétero, precisa se relacionar e ter sexo com eles.

Mas para morar junto, dividir as tarefas domésticas, ir ao *shopping* fazer compras, ao cinema, ao supermercado, ao teatro, viajar, conversar sobre tudo, ver tv, fofocar, trocar opinião sobre livros e filmes, discutir a relação à vontade, enfim, dividir o dia a dia, a vida e casar de verdade, ela preferiria as mulheres.

É claro que ela não conseguiu realizar esse "projeto" e tem inveja de mulheres que podem ter tudo isso e ainda fazer sexo.

Desde os anos 90 comecei a perceber esse tipo de pensamento em mulheres heterossexuais, e sinto que, com o passar do tempo, essa é uma tendência que está aumentando muito.

Até mesmo várias mulheres heterossexuais começaram a ter experiências sexuais com outras mulheres, *gays* ou não. A maioria gostou do resultado ou achou muito interessante, e algumas até se apaixonaram e tiveram relações longas com a parceira. Disseram que entre mulheres existe mais afeto, carinho, cumplicidade, amizade, e que o sexo é ótimo, pois uma mulher conhece muito bem o corpo e os pontos sensíveis da outra, além de saber exatamente onde fica o clitóris e o que fazer com ele. E que fique claro que não estou falando de mulheres bissexuais, estou falando de mulheres heterossexuais.

Embora saibamos que o preconceito com *gays* ainda é grande, apesar de, em muitos casos, acontecer de forma velada. Hoje vemos romances homossexuais até em novelas, coisa impensável até o final dos anos 80, início dos 90. Nesse período alguns autores fizeram tentativas que foram completamente rejeitadas pelo público, e tiveram que "matar" as personagens *gays* na trama para manter a audiência e os patrocinadores.

Quem se lembra das personagens de Cristina Prochasca e Lala Dehesemlain na novela *Vale Tudo*, de Gilberto Braga, nos anos 80? E também de Christiane Torloni e Silvia Pfeiffer em *Torre de Babel*, de Silvio de Abreu, nos anos 90?

No primeiro caso, que era muito sutil, duas mulheres bonitas e superfemininas eram donas de uma pousada em uma cidade praiana do Estado do Rio. Nada era mencionado, elas nem se tocavam, mas havia uma cama de casal no quarto delas. Nunca foi mostrada nenhuma cena das duas deitadas, indo dormir ou acordando, mas aquela cama de casal indignou o público e o autor foi obrigado a matar uma das personagens em um acidente de carro. A outra ficou "viúva" e a novela prosseguiu sem maiores problemas.

No segundo caso, as duas eram donas de uma loja chiquérrima de roupas femininas. Elas se olhavam e se tratavam com um carinho diferenciado, mas também nada acontecia. Eram bonitas, bem-sucedidas, ricas e moravam em uma cobertura duplex com piscina. Outras personagens da novela comentavam entre si e sem preconceito que as duas eram companheiras e viviam juntas.

Até aí o público foi observando. Mas no capítulo em que mostrou as duas indo dormir e se deitando juntas em uma cama de casal, mesmo sem se tocarem, foi o maior alvoroço e o autor precisou explodir o *shopping* onde elas tinham a loja, e matou as personagens.

Anos depois, Manoel Carlos, de forma bem ousada, resolveu tratar do amor entre duas adolescentes que estudavam juntas, se apaixonaram e começaram a namorar. Uma delas era a atriz Alinne Moraes e a polêmica na época era que não poderia haver beijo na boca de jeito nenhum. Mas já foi um avanço, pois o público aceitou o casal e o assunto foi tratado abertamente, colocando na discussão a posição dos amigos e da família das duas personagens na novela.

Deu tudo certo.

Pouco depois houve outro caso na novela *Senhora do Destino*, de Aguinaldo Silva. O enfoque desta vez foi a história de uma jovem médica *gay*, feita pela atriz Mila Christie, que se apaixona por uma amiga heterossexual (a princípio), interpretada pela atriz Bárbara Borges. Aguinaldo foi esperto e tratou do assunto de forma tão sutil e com tanta delicadeza, que não havia como o público não aceitar. Já eram outros tempos e teve até "selinhos" entre as duas.

Então, atualmente as personagens *gays* são encaradas de forma mais natural. E a abordagem está mudando, pois assim como há pouquíssimo tempo autores e dramaturgos escreviam uma personagem negra namorando um personagem branco para tratarem do tema "preconceito racial", hoje vemos nas novelas casais inter-raciais simplesmente mostrando a vida como ela é e não para abordar o tema racismo. Com *gays* está acontecendo a mesma coisa.

Na novela ou no cinema, a garota é *gay* e namora outra garota, não para abordar o assunto "homossexualismo", mas para mostrar às pessoas como são na vida real. É preciso mostrar que isso existe e ponto.

Os *reality shows* da TV ao redor do mundo, com temáticas variadas: modelos, fidelidade, novos estilistas, superação de limites, cabeleireiros, decoração etc., a partir dos anos 2000 foram selecionando participantes *gays*, mas eles não se assumiam, negavam ou deixavam dúvidas no ar. Aos poucos foram sutilmente se revelando, até que hoje já entram nesses programas mulheres *gays* totalmente assumidas. Vemos no Brasil, e em vários países, atrizes, cantoras, executivas, políticas e empresárias se assumindo publicamente e estimulando outras mulheres a fazerem o mesmo.

As atrizes americanas Jodie Foster, Hellen De Generes e Rosie O'Donnel são exemplos conhecidos do público.

As pioneiras pagaram um preço alto, tiveram inúmeros problemas em seu trabalho, com seus fãs, com suas famílias, muitas perderam seus empregos, mas como em todas as conquistas de minorias, tiveram seus esforços recompensados, pois atualmente isso tudo já é encarado com mais naturalidade. O preconceito sempre existirá, mas quem ainda o demonstra ostensivamente é que sofre preconceito.

Antigamente o homossexualismo era tratado como *doença*, e os pais mandavam seus filhos ao psiquiatra para serem *curados*.

Existiam vários tipos de tratamento, que iam de choque elétrico a intermináveis sessões de psicoterapia, passando até por lavagem cerebral.

Atualmente essa questão já foi resolvida e a medicina parou de se meter em um assunto que não cabe a ela resolver.

A sociedade, de um modo geral, encarava homossexuais como pervertidos, depravados e sem-vergonhas. Poucos ainda pensam assim, e a homofobia é cada vez mais combatida e rejeitada.

Infelizmente algumas religiões ainda têm uma visão retrógrada e desumana sobre o homossexualismo, e coitados de seus seguidores se forem pegos em situações que eles chamam de nojentas e antinaturais.

O termo "opção sexual", embora ainda usado indevidamente, foi abolido pela medicina e pela sociedade, pois ficou provado que não é uma opção da pessoa gostar de alguém do mesmo sexo. Duvido que alguém acorde pela manhã e pense: "hoje resolvi *optar* por ser uma mulher *gay*, e daqui para frente só namorarei e transarei com mulheres".

Está mais do que provado que ser *gay* não é uma opção, então veio o termo "orientação sexual" para deixar claro, em definitivo, que não se trata de doença, perversão ou opção.

Antes do Cristianismo, principalmente nos tempos dos grandes filósofos gregos, Platão, Sócrates, Aristóteles, se uma pessoa se relacionava tanto com homens quanto com mulheres, era considerada muito inteligente e sábia, pois demonstrava ter a mente aberta a todos os tipos de experiências e mostrava que enxergava e se envolvia com "a pessoa" e não com o sexo dela.

Foi quando veio o Cristianismo e determinou que as pessoas só poderiam ter relações sexuais para procriar. Sendo assim, não era mais permitido transar com alguém do mesmo sexo. Falando a grosso modo, e bem resumidamente, foi assim que as pessoas começaram a se "trancar no armário".

Alguns psicoterapeutas da atualidade e de vários países dizem que a tendência é que as pessoas voltem a ter o comportamento que tinham antes do Cristianismo, e que, portanto, um dia todos serão bissexuais.

É uma afirmação polêmica, mas se repararmos no comportamento sexual das pessoas agora, no século XXI, me parece, sim, uma possibilidade real.

Percebe-se que quanto mais o bissexualismo é aceito, o homossexualismo também começa a aparecer mais. Naturalmente é muito mais fácil para alguém assumir sua bissexualidade do que sua homossexualidade.

Muitos homossexuais começam a *sair do armário* dizendo-se bissexuais mesmo não sendo. Usam essa *estratégia* como um *atalho* para se liberarem. É como aquela história: "seu gato subiu no telhado".

Quantas mulheres *gays* se casam, têm filhos, e vivem uma vida de mentira sufocando sua verdadeira orientação sexual por medo?

As pessoas têm o desejo de serem aceitas, queridas, socializadas e pensam então que se levarem uma vida *tradicional* e fizerem o que esperam dela, estarão seguras e serão aceitas.

Voltamos aqui à questão do preconceito, pois ele isola as pessoas, ele discrimina, segrega.

Todo tipo de preconceito deve ser abolido de nossa vida e de nossa mente.

Tenho uma conhecida dos tempos de adolescência que se casou com o cara mais lindo e cobiçado da nossa turma e teve dois filhos.

Um dia em uma festa ela bebeu um pouco a mais da conta e me confidenciou que era profundamente infeliz, pois era homossexual e por causa do casamento e dos filhos havia se colocado em uma situação irreversível. Confessou também que na juventude teve uma experiência sexual com uma amiga *gay* que virou sua cabeça, e que essa experiência foi determinante para que tivesse certeza de sua verdadeira orientação sexual. Mas nessa época ela já era noiva e não teve coragem de mudar sua vida.

Conclusão: é uma mulher muito infeliz e reprimida.

Quantas mulheres estão nessa situação ao redor do mundo? Milhões. Por que o medo e a insegurança as deixam tão engessadas?

Você está nessa situação ou tem vida dupla? É encubada ou enrustida? Eu acho que seria maravilhoso você ir atrás de sua felicidade. Está preocupada com a entidade *Os Outros*? Imagino que deve ser muito difícil mudar sua vida, mas não é impossível, certo?

O que seus filhos vão pensar? Bem, se eles forem pequenos, em um primeiro momento nem saberão o que está acontecendo, então não serão afetados. E se forem adultos e te amarem, passada a surpresa inicial vão entender, pois com toda certeza têm amigas *gays* e gostam delas.

Se você ainda é jovem, solteira e sem filhos, o que está esperando?! Leve sua vida da maneira que deseja e busque sua felicidade! É lógico que tudo tem um preço a ser pago, mas é bem melhor pagá-lo sendo feliz do que pagar na infelicidade.

Veja, querida leitora, eu não estou estimulando ninguém a colocar no jornal que é *gay*. Tampouco estou afirmando que você deve contar para toda sua família, para seus colegas de trabalho e para os amigos do clube. Eu apenas estou dizendo que você pode começar a sair do armário e depois subir no telhado.

E você, que diz para todo mundo que sua namorada é "sua prima", ou apenas uma querida amiga, achando que ninguém sabe que vocês têm um caso, tenho uma notícia para lhe dar: todo mundo sabe. Mesmo que você finja namorar aquele seu amigo *gay*, não adianta nada, pois todos também sabem que ele é *gay* e que vocês fingem que namoram para manter as aparências.

Se as pessoas já sabem, mas disfarçam e continuam sendo suas amigas, por que continuar escondendo? Então, relaxe.

E se você tem uma filha *gay* que ainda está dentro do armário, se ela for maior de idade não se envolva nessa questão. Caso ela ainda não tenha te contado (e talvez nunca o faça) aja naturalmente, finja não perceber para não constrangê-la e trate bem a namorada dela. Se um dia ela te contar, ótimo! Diga que já sabia. Pronto a vida continua.

Mas se você nem desconfiava, espero que não faça a clássica pergunta de mães de homossexuais: "Meu Deus, onde foi que eu errei!". Isso não tem nada a ver com você e sim com sua filha.

E, aquelas que já são hiper, super, mega, *advanced plus* assumidas para todos, que bom! Vocês não seguiram o rebanho. Se uma pessoa não marcha igual a seus companheiros é porque ouve um tambor diferente.

CAPÍTULO 10

Entendendo os homens: cérebros diferentes dos nossos

A diferença de comportamento entre homens e mulheres em todas as situações é gritante. A explicação disso está no cérebro de ambos.

Está provado que as mulheres têm o cérebro multifacetado e os homens têm o cérebro compartimentado. Isso significa que enquanto os homens só conseguem fazer uma coisa de cada vez, as mulheres são capazes de fazer várias tarefas ao mesmo tempo com a maior naturalidade.

Por exemplo: se um homem está em seu escritório trabalhando no computador e o telefone toca, ele para de digitar para atender e não adianta ninguém vir falar com ele enquanto está ao telefone.

A mulher, diferentemente, atende o telefone, continua a digitar com apenas uma das mãos, permanece com o olhar no teclado e no monitor vendo o que está escrevendo, na sequência segura o telefone com o ombro, e, com a mão que ficou vazia assina documentos que colocam à sua frente e ainda ouve alguma informação que lhe passam. Tudo isso sem perder a concentração e o foco em nenhuma das tarefas.

Em uma situação doméstica, se o homem está lendo o jornal e o filho lhe pergunta: "papai, que dia é hoje?", antes de responder ele para de ler, pensa, dá a resposta e aí volta ao jornal.

Já a mulher é capaz de, simultaneamente, enquanto lê um livro, preparar uma vitamina no liquidificador com o filho pequeno no colo, checar se tem carne no *freezer*, assistir ao programa de culinária na TV, dar instruções à empregada e ainda pedir ao filho mais velho que arrume seu quarto que está uma bagunça.

E, de quebra, prepara a mochila da filha do meio para ir à escola. Tudo ao mesmo tempo e sem se atrapalhar.

Sou uma eterna observadora do comportamento humano, desde pequena. É uma coisa que me fascina; e é dessa observação que partem meus questionamentos e pesquisas.

Certa vez, eu estava almoçando em um restaurante *self-service* que costumo frequentar, quando fiz uma dessas observações. Eu preparei meu prato e me dirigi à balança para pesá-lo. A mesma moça que pesa também faz a cobrança. Eu era a segunda da fila e vi que a moça pesou o prato da pessoa que estava à minha frente, falou a ela o preço, pegou seu cartão de crédito, digitou os números e enquanto a máquina processava o pagamento, ela pesou meu prato, me falou o valor, devolveu o cartão e o tíquete à outra cliente, passou meu preço, pegou meu cartão, e enquanto a máquina processava o pagamento, ela já estava pesando o prato do cliente atrás de mim. E assim foi fazendo sem errar nada e sem tirar os olhos da balança e do computador.

Eu, então, perguntei a ela: "Você percebe o que está fazendo?" Ela disse: "O quê?!" E eu então expliquei. Ela ficou surpresa com meus comentários sobre cérebros, disse que esse era seu trabalho e tudo bem, estava acostumada.

É que a maioria das mulheres não sabe dessa história de cérebro multifacetado, então elas acham isso muito natural e pensam que todo ser humano é assim. Elas desconhecem que os homens são diferentes e têm cérebros compartimentados, e lamentavelmente essa é uma das razões das brigas, discussões e falta de paciência entre os casais. Nesse aspecto as mulheres precisam entender que os homens não têm a mesma capacidade, portanto precisam ser mais tolerantes com eles.

Se você duvida disso, existem dois testes muito simples que você poderá fazer para comprovar a tese de cérebro compartimentado dos homens:

> 1º — Quando seu marido, namorado, irmão ou pai estiver escovando os dentes na pia do banheiro, entre de repente e diga que precisa lhe passar uma informação. Ele vai parar de escovar os dentes para lhe ouvir, mesmo que a pasta de dentes fique escorrendo pela boca, ou, então, com um gesto

rápido, vai pedir para você esperá-lo acabar a escovação, e aí sim, vai olhar para você e ouvir o que tem a dizer.

Pode repetir o teste com sua irmã, mãe, amiga ou namorada, e verá que, ao ser questionada, ela vai olhar para você e te escutar sem parar de escovar os dentes.

2º — Quando estiver andando na rua, ou em um *shopping* e passar por você um homem falando ao celular, pergunte a ele: "Que horas são, por favor?" Ele vai pedir "um momento" para a pessoa com quem está falando ao telefone, vai olhar o relógio, lhe dizer as horas e ouvir você dizer "Obrigada!". Aí, então, ele dirá "De nada" e voltará ao telefone.

Se fizer o mesmo teste com uma mulher, ela olhará o relógio e lhe dirá as horas sem parar de andar e de falar ao telefone. Você dirá "Obrigada" e ela responderá "De nada!" seguindo seu caminho.

Outro comportamento peculiar masculino sobre essa questão é quando o homem está fazendo uma viagem de carro com a esposa e os filhos. Se por alguma razão ele precisar tirar uma dúvida sobre a estrada e tiver que olhar um mapa, vai estacionar o carro no acostamento (naturalmente), vai desligar o som do carro e pedir que a esposa e as crianças façam silêncio. Ele não consegue checar um mapa com música tocando e crianças falando. Já a mulher estaciona, checa o mapa se balançando ao ritmo da música que estiver tocando e ainda troca informações com os filhos sobre o caminho que vão seguir.

E por falar em caminho a seguir, o cérebro dos homens parece estar programado para rejeitar toda e qualquer tentativa de pedir informações, quando por alguma razão está perdido (embora não admita). Homem não pede informação em hipótese alguma. Prefere morrer. Principalmente se está com a namorada, esposa ou qualquer outra pessoa do sexo feminino. Você já constatou isso, cara leitora?

Não sei o que acontece, mas acho que homem sente-se humilhado se tiver que entrar em um posto de gasolina ou parar em um bar, e perguntar onde fica o km 12 de tal estrada, ou para que lado é uma determinada rua.

Conheço relatos de mulheres que quase foram à loucura por causa disso. Ficaram perdidas por horas em alguma cidade ou estrada devido à teimosia masculina. Pode ser seu pai, irmão, namorado, filho, amigo, ele sempre diz que sabe muito bem onde está indo, que ninguém precisa se preocupar e garante que está no caminho certo. Depois de sete horas perdido, quando a situação fica insustentável, não há mais como disfarçar e fica muito evidente que não chegará a seu destino porque está "perdido", a mulher precisa ter um ataque e pedir quase aos berros para que ele pare "naquele posto de gasolina", que ela mesma vai pedir as informações necessárias.

Uma vez viajando a trabalho com um motorista contratado, depois de ver que ele havia errado o caminho e estávamos perdidos, e após ter pedido várias vezes, com muita gentileza, que ele parasse em algum lugar e se informasse, precisei ser muito enérgica e "ordenar" que ele se informasse.

Deu pena ver a maneira cabisbaixa com que ele saiu do carro, e entrou no posto de gasolina. Era nítido que se sentia humilhado, derrotado. Eu tinha uma palestra e não poderia chegar atrasada, então precisei dar um ultimato.

Portanto, percebe-se que nem motoristas profissionais contratados, que estão sendo pagos para te levar a algum lugar, se dobram nessas situações, principalmente se o pedido partir de uma mulher.

Mulher ao volante detesta saber que está perdida e para evitar que isso aconteça, durante o trajeto entra em pelo menos dois postos de gasolina para se informar. Eu tenho o hábito de entrar em três postos, quer meu trajeto seja na cidade ou na estrada, pois gosto de comparar as informações recebidas.

As pessoas, quando dão informações, muitas vezes, costumam errar, se equivocar ou explicar mal, sem detalhes, então com três informações posso me garantir. E costuma funcionar. Nunca confio na primeira informação.

E a gente que é mulher faz isso com a maior naturalidade, não é mesmo? Não custa nada perder uns minutos, mas chegar ao lugar desejado corretamente. Melhor que ficar andando como um zumbi sem destino.

Essa questão é uma coisa bíblica. Moisés vagou durante quarenta anos pelo deserto porque se recusou a pedir informações.

Então, vamos observar com mais atenção o comportamento dos homens, entender melhor como funciona o cérebro deles e também explicar como funciona o nosso. Vamos fazer esse *serviço de utilidade pública* para a humanidade.

CONCLUSÃO: A "Terceira Mulher" — Podemos tudo, porque somos livres

Dividi as mulheres em três importantes etapas da vida ao longo dos tempos.

Vamos falar primeiro da mulher na época medieval. Se ela ousasse dar suas próprias opiniões sobre qualquer assunto, se pensasse diferente dos homens e expusesse isso, e se agisse como homem tentando ocupar seus cargos e ameaçando seu poder, era tida como *Bruxa.* Seu destino, na maioria das vezes, era a fogueira, onde era queimada viva em praça pública na frente de todos.

Dando um salto no tempo, entre os anos 40 e 50 tivemos a *Mulher Bibelô*, bem-nascida, bem-criada e totalmente preparada para casar, ter filhos e cuidar do marido. Não tinha opinião própria e nem vida própria. Seu mundo se resumia a seu lar e a outras amigas, também *Bibelôs*. Nas eleições, votava nos candidatos que o marido mandava.

Hoje existe a *Terceira Mulher*, que somos todas nós vivendo no século XXI. Não importa se você tem 15 ou 70 anos, você é uma mulher do século XXI. Ainda tentamos nos desvencilhar de toda a herança que recebemos de nossas mães e avós. Muitas já conseguiram, outras estão tentando e algumas não têm coragem nem condições de tentar.

Metaforicamente falando, muitas ainda são queimadas vivas e tantas outras, dos 20 aos 80 anos, ainda são *Bibelôs*. Essa é a grande questão a ser tratada e modificada.

A legítima **Terceira Mulher** está no mercado de trabalho com grandes ambições. Transita na política, nas empresas, na moda, no meio artístico, na polícia, no exército e onde bem entender.

Casa se quiser, tem filhos se quiser e quando achar que deve ter, escolhe os parceiros ou namora outras mulheres sem pudores, é bem resolvida sexualmente e experimenta de tudo.

Mas, infelizmente, ainda existe muita **Terceira Mulher** dormindo, sonolenta, ou com receio de acordar. Mesmo com todas as conquistas e quebras de paradigmas existem correntes e culpas que as acompanham onde quer que estejam.

Minha proposta é acabarmos com isso, é nos libertarmos do passado e olharmos para frente fazendo a diferença. É darmos suporte umas às outras e colocarmos um fim ao preconceito entre nós mesmas. Isso vai exigir um esforço enorme, gigantesco, mas tem que ser feito.

Esse esforço é não passarmos para nossas filhas as limitações que atrapalharam a nossa trajetória. É liderar e exigir respeito. É não admitir que um homem use de agressão física. É entender que o casamento não mata o seu desejo por outras pessoas. É não ter vergonha de denunciar assédio sexual e estupro e estar preparada para as consequências.

Querida leitora, o objetivo de todas as pessoas é ser feliz, então, não importa sua idade, sempre é tempo de terminar um casamento ruim e partir para outra situação. Sempre é tempo de assumir sua real sexualidade e suas fantasias. Sempre é tempo de fazer aquela faculdade que não conseguiu na juventude. Sempre é tempo de viajar, mudar de profissão, mudar de atitudes, mudar o jeito de se vestir e parar de fazer o que não gosta só para agradar *Os Outros.*

É preciso exterminar a autossabotagem de sua vida por achar que não é capaz de fazer o que deseja, e preparar um caminho feliz e seguro para sua filha.

Coloquei neste livro o que penso sobre algumas das questões que ainda hoje são polêmicas em relação à mulher, falei de nossas antepassadas e me expus bastante.

Não tenho receio de ser julgada ou mal interpretada, pois sou uma Terceira Mulher muito bem resolvida.

Você pode não ter concordado com nada, ou somente com algumas coisas, mas se eu fiz você refletir sobre todas as questões levantadas, já valeu ter escrito este livro. Eu o escrevi para você.

A mudança em sua vida pode começar hoje. Aos poucos, ou de forma radical, você escolhe. Acredite, nós podemos tudo porque somos livres.

Desejo que você seja muito feliz com a vida que escolheu ou com a que vai começar agora.

BRUNA GASGON